YINGSHANG YANYU SUYU XUAN

颍上谚语俗语选

胡永寿◎编

安徽师范大学出版社
ANHUI NORMAL UNIVERSITY PRESS
· 芜湖 ·

图书在版编目(CIP)数据

颍上谚语俗语选 / 胡永寿编. — 芜湖: 安徽师范大学出版社, 2021.12
ISBN 978-7-5676-5209-5

Ⅰ. ①颍… Ⅱ. ①胡… Ⅲ. ①汉语—谚语—汇编—颍上县 ②汉语—俗语—汇编—颍上县 Ⅳ. ①H136

中国版本图书馆CIP数据核字(2021)第276129号

颍上谚语俗语选 胡永寿◎编

责任编辑: 舒贵波
责任校对: 房国贵
装帧设计: 丁奕奕
责任印制: 桑国磊
出版发行: 安徽师范大学出版社
芜湖市北京东路1号安徽师范大学赭山校区 邮政编码:241000
网 址: http://www.ahnupress.com/
发 行 部: 0553-3883578 5910327 5910310(传真)
印 刷: 江苏凤凰数码印务有限公司
版 次: 2021年12月第1版
印 次: 2021年12月第1次印刷
规 格: 700 mm × 1000 mm 1/16
印 张: 8.5
字 数: 96千字
书 号: ISBN 978-7-5676-5209-5
定 价: 24.50元

目　录

第一篇　气象农谚

○按　语

古代人民根据他们对云、雾、雷、风、雨、旱、涝、丰、欠的历久观测所得到的经验，总结出许多农谚俗语作为安排耕作的依据。虽然不能一一应验，但是亦有些可靠性，给农业生产和预防灾害提供一些指导。

有人可能要讲，在现今科技发达的社会里，气象预报很准确，何需这些过时的东西？值得提示的是——这是一种文化遗产，我们理应保存下来，发展下去。

一、周年晴雨日

十五[1]之内日落红，预示本年好收成。
元宵之前阴雨多，预示当年农不丰。

正月十五晴，中秋月当空；
元宵节日阴，中秋月[2]不明。

十七十八[3]不见星，
哩哩啦啦到清明。

正月二十下，老水牛干死河底下；
正月二十晴，老水牛串河灵。

三八[4]霜冻白，棉农笑开颜。
二月二打雷，稻尾较重锤[5]。
三月死泥鳅，六月风拍稻。
雨浇上元[6]灯，日晒清明种。

四月芒种雨，五月无干土；
六月火烧铺，农民干叫苦。

四月八，雨沙沙，高田洼地种芝麻。
四月十二湿了老鸹毛，麦搁水里捞。

梅雨时节雨泛泛，阴晴之天各占半。
鸭鹅禽类喜戏水，不出大门在庭院。

阴雨连绵难晴天，衣物粮食晒不干。
长期受潮难保管，晾晒不好要霉变。

有钱难买五月旱，六月连阴吃饱饭。
五月十三关老爷磨刀⑦，雨水浇田润禾苗。

分龙⑧不下回龙⑨下，回龙不下干一夏。
五月廿五老龙探母，乌风暴雨好似哭。

雷逢甲子庚辰日，需防蝗虫侵稻禾。
六月初一动了雷，一雷就能压九台⑩。

六一九，无风水也哮。⑪
七一雷，一雷九台来。⑫

七月初一难得下，八月初一难得晴。
七月初七牛女会[13]，双双哭泣泪如雨。

七月十五定干旱，八月十五定年成。
八月里头蛤蟆鸣，干湿小麦难种成。

重阳[14]不下看十三，十三不下一冬干。
重阳无雨一冬晴，一冬无雪有灾星。

十一[15]东风六畜灾，倘逢大雪旱年来。
若然此日天晴好，下年农夫大发财。

十二月南风现报[16]，
送神风，接神雨。[17]
顶[18]看初三，下[19]看十八，
要是有雨，定会接着下。

初一有雨井泉枯，初二有雨井泉浮。
要是初三下了雨，一片汪洋连大湖。

初一有雨初二晴，初三有雨十五停。
若是赶上十八下，拖拉连阴雨倾蒙。

其他雨日都不怕，最怕甲子日子下。

春夏秋冬甲子日，若雨必遭灾难坑。

春雨甲子[20]，赤地千里；

夏雨甲子，乘船入市；

秋雨甲子，禾头生耳[21]；

冬雨甲子，牛羊冻死。

春季东风雨，夏季东风热，

秋季东风毒，冬季东风雪。

注：

① 十五：指正月十五。

② 月：月亮。

③ 十七十八：正月十七、十八两天。

④ 三八：正月初八、十八、廿八。

⑤ 重锤：稻穗子大，丰收在望。

⑥ 上元：正月十五元宵节。

⑦ 关老爷磨刀：磨刀要有水，指下雨。

⑧ 分龙：五月廿四。

⑨ 回龙：五月廿五。

⑩ 一雷就能压九台：六月初一打雷，年中则少有台风。

⑪ 六一九，无风水也哮：农历六月十九这天，不刮风也下雨。

⑫ 七一雷，一雷九台来：农历七月初一有雷鸣，年中台风必定多。

⑬ 牛女会：传说农历七月初七是牛郎和织女一年一度的会面，

痛哭流泪，即要下雨。

⑭ 重阳：九月初九重阳节。

⑮ 十一：农历十月初一。

⑯ 十二月南风现报：农历十二月若是刮南风，马上下雨。

⑰ 送神风，接神雨：腊月廿三或廿四为吉灶节，老灶爷回天，各家放炮相送。年三十晚上灶爷从天上回来，各家放炮迎接。就是说吉灶这天刮风，年三十定下雨。

⑱ 顶：每个月上旬。

⑲ 下：每个月中旬。

⑳ 甲子：甲子日。

㉑ 禾头生耳：阴雨连天，谷物发芽。

二、物象告天气

朝看太阳辨西东，夜观北斗知南北。
宇宙之大事物多，相互对立又统一。

物象变化可知天，从古到今代代传。
归纳诸条载于下，仅供参考研究它。

大雁北飞天将暖，小燕南归天转寒。
一场秋雨一场凉，十场秋风要穿棉。

蜻蜓群体低空飞，倾盆大雨将来临。
蜻蜓千百绕低空，不过三天雨蒙蒙。

燕子低飞山带帽，瓢泼大雨将来到。
早晨山顶有雾罩，下午大雨必定到。
燕子贴地飞，出门带雨具。
燕子低空飞，天将下大雨。

金鳖上了岸，马上水泛泛。
鳖卵产得高，大水定涛涛。

河里水泛花，天天有雨下。
盐坛出了汗，马上雨泛滥。

蚂蚁群出宅，大雨倾盆来。
蚂蚁群出窝，大雨似瓢泼。

蛇出洞，蚁出穴，倾盆大雨将要来。
蚊子鸣声如撞钟，不下雨来也刮风。

腰酸背痛浑身懒，不是下雨也阴天。
老来得了风湿病，预测天气最灵验。

春刮东风连夜雨，伏里东风无雨色。
梅雨过后东南风，卜兆大旱成灾星。

水缸盐坛出了汗，不要三日天要变。
白云黑云对着跑，这场冰雹小不了。

云往东，一场空，云往南，水成潭；
云往北，水没得，云往西，披蓑衣。

大雨雷公鸣，不久天要晴；
久雨西风起，天气晴在即。

烟搭棚，天要晴，烟铺地，雨继续。
蛤蟆哑，天要下，蛤蟆鸣，天要晴。

早哇[1]阴，晚哇晴，半夜哇子水淋淋。
斑鸠叫来倾盆雨，喜鹊高枝报天晴。

鳖晒盖，天要赖，狗翻肠，晴不长。
鸟藏食，雪将至，麻雀吵，天晴好。

不怕寅时雨再大，只怕卯时把雷打。
雷打五更日晒水，鸡鸣雨，下不大。

天黄多有雨，人黄不健康。
有雨四外亮，无雨顶上光。

风来雨就来，乌云将日遮；
风助雨有势，雨借风有威。

春寒多有雨，夏寒天朗晴。
秋寒雨淋淋，暖冬倒春寒。

秋寒连三日，必定有雨至。
寒露没有雨，百日没有霜。

春黑东白，雨势泄泄。
春南夏北，无水磨墨[2]。

春雾暴死鬼，夏雾涨大水。
秋雾凉风起，冬雾大雪飞。

春雨洋洋[3]，无水插秧；
夏雨洋洋，干了鱼塘；
秋雨洋洋，干谷上仓；
冬雨洋洋，无雪无霜。

春寒雨，夏寒晴，
秋寒三日雨淋淋。
一点雨，一个灯，
落到明朝也不停。

西北雨，落不过田埂，雨从西北起，
马上晴天气，北雨不救南田。

雨喘气，有一阵，
雨歇晌，午后雨点接着晌。
晌午头现一现，三天不见面[4]。

东闪太阳红，西闪雨重重，
北闪当面射，南闪闪三夜。
东明西暗，撑不到吃饭。
傍晚大水红，大雨或大风[5]。

东虹日头西虹雨，南虹出来涨大水。
盛夏天气易发燥，早燥凉风晚燥雨。

早晨染染云，下午晒死人，
晚霞行千里，朝霞不出门。

云从东南长，下雨不过晌，
雨从西南来，雨罢云散开。

雨后猪乱跑，天气要晴好，
星星把泥照，明日雨还到。

骤风不终朝，骤雨不终日，
快雨就快晴，快风也快停。

东风不过晌，西风渐渐长，
雪后冷森森，霜后暖洋洋。

若是寒冬腊月天，北风三天霜铺田，
下雪不冷化雪冷，积雪等伴离不远。

要知天气怎变换，平时留心细察观，
是风是雨有反应，根据物象可知天。

注：

①哇：白鹭的叫声，人们称白鹭为哇子。

②春南夏北，无水磨墨：春天刮南风，夏天刮北风无雨。

③洋洋：细小的雨。

④二天不见面：指看不见太阳。

⑤傍晚大水红，大雨或大风：傍晚的时候，如果水面上倒映出红霞，就预示大雨或大风的来临。

三、物象告年景

正月为年首，卜年好兆头。
上旬日落红，定是好年景。

霜打三个八[1]，一定收棉花。
棉农细观察，着情种棉花。

正月十五阴，八月十五下。
中秋云遮月，元宵雪打灯。

正月二十晴，水牛串河灵。
正月二十下，水牛干死河底下。

正月三场雾，黄牛满山岗。
一年两个春，黄牛贵似金。

正月鸣雷人脆弱，二月鸣雷壮麦苗，
要是三月才鸣雷，六畜兴旺人欢笑。

清明风若起于南，定有大收是丰年。
清明要是刮南风，五谷杂粮都丰登。

清明如果雨涟涟，一年必定种好田。
清明过后三场霜，条条沟里好铺床。

清明要是晒死柳，窝瓜头子打死狗。
梅雨过后东南风，卜兆大旱成灾星。

立夏东风少病祸，晴逢初一果生多。
立夏晴朗无雨下，放下犁子又搁耙。

三月塘里死泥鳅，六月田间风拍稻。
十月寒冷下雪霜，来年粮食堆满仓。

端午有雨是丰年，芒种闻雷美亦然。
夏至天空乌蒙蒙，三晴两雨年成丰。

立秋三天遍地红，高粱丰收达十成。
立秋无雨三分忧，大熟年成一半丢。

秋分不宜朗朗晴，微雨才是好年景。
八月要是鸣了雷，遍地必定起“盗贼”。

八月如果蛤蟆鸣，田间就要有灾星。
干天小麦种不上，连阴小麦种不成。

十月大雪下纷飞，来年粮食收成堆。
小麦能盖三床被[2]，来年头枕馒头睡。

冬天下雪如水浇，春天下雪似下刀。
冬天下雪是个宝，春天下雪是把刀。

立冬无雨一冬晴，立冬有雨无路行。
立冬时节若逢旱，来年高田枉搭功。

小雪若是晴满天，明年一定是丰年。
大雪若逢晴天来，下岁农夫大发财。

冬至风起西北边，瓜果园里受煎熬。
冬至天晴无雨色，明年定唱太平歌。

小寒大寒天气暖，来年冷到二月满。
小寒大寒出日头，来年二月冻死牛。

小寒大寒不下雪，小暑大暑地开裂。
小寒大寒水成团，明年是个大丰年。

大寒南风，五谷丰登。
大寒不寒，人畜不安。

该热不热，五谷不结。
该冷不冷，瘟疫横行。

自然变化细观察，千万不可忽视它。
战胜灾害夺胜利，人畜兴旺五谷丰。

注：

① 三个八：正月的初八、十八和二十八。

② 小麦能盖三床被：小麦经历三场大雪，一定丰收。

四、观星知天气

1. 总　起

人类居住地球面，世代相传几千年。
动植生命因何在，阳光、空气和水源。
宇宙空间星相连，相生相克系有关。
古人多会观天象，发现无限妙机悬。

2. 观　日

有日地球才能暖，万物荣枯能繁衍。
观日可知天气变，景象记在星象篇。
日出东方红似火，日落西山红霞飞。
朝看太阳辨西东，晚观彩霞知阴晴。

早上染染云，下午晒死人，
朝霞不出门，晚霞行千里。

东明西方暗，撑不到吃饭。

早晨现一现，三天不见面。

有雨四外亮，无雨顶上光。

日落云彩长，半夜听雨响。

交了九，归了冬，一天一夜长一葱。

归了冬，交了九，一夜一天长一手。

吃了冬至饭，一天一夜长一线。

冬走十里不亮，夏走十里不黑。

下雨云遮日，天色黑沉沉。

天阴黑得早，毛包胡显老。

长五月，短十月，不长不短二八月。

春分、秋分，昼夜平分，二八月昼夜相等。

春不分不暖，秋不分不凉。

夏至三庚便是伏，冬至当天就交九。

立夏三尺火，夏至火连天。

立秋天渐凉，冬至冰封河。

冬天人搼人[1]，夏天人背人。
早晚人跟人，正午人背人。

观日实在有情趣，但愿后人多钻研。
愿君再有新发现，为究天文做贡献。

注：

①冬天人搼人：人和人的影子。

3. 赏 月

月明似水多变换，能大能小又能圆。
日出它暗日落明，十五前后上下弦。

月亮绕着地球转，周而复始是一天。
赏月自有赏月趣，记有俗谚代代传。

三十初一不见面，初二三四一条线。
初五初六像张弓，初七初八像帽檐。

初九初十半拉瓢，十一十二赛鸡蛋。
十三十四月将圆，十五十六似圆盘。

十七八九没[1]西夏，二十二三没正南。
二十七八露露面，月底月初又黑天。

初三初四娥眉月，十五十六月团圆。
初十二十上下弦，三十初一黑了天。

歌罢月行曲二首，再谈月亮按天走。
根据月象判时辰，同时还将天气叩[2]。

大二小三[3]，月牙冒尖；
月牙锲橛，干得叫爷[4]；
月牙仰巴，淹得喊妈[5]。

月[6]半月[7]即满，月满却不见。
月在天天变，大小小大圆。

落四不落五[8]，
十五六两头露，
十七十八仰巴巴[9]，
二十零整，月出一更。

二十四五头，月亮出来正使牛[10]；
二十八九头，月亮出来走一走。

彩云容易散，月不经常圆。

十五的月亮圆又圆，月遇中秋分外光。

风月长了毛，有雨也难逃。

月亮毛东东，无雨也刮风。

月亮带上白顶圈，大风刮断钓鱼竿。

初三月下有横云，初四日里雨倾盆。

正月十五云遮月，八月十五月不明。

中秋佳节云遮月，元宵节时雪打灯。

月亮自身不发光，它是借着太阳亮。

赏月也要看白日，乌云遮日月无光。

注：

① 没：淹没。

② 叩：询问、打听，测试研究。

③ 大二小三：上月大，下月初二出月，上月小，下月初三出月。

④ 月牙锲橛，干得叫爷：月牙立着出，本月干旱少雨。

⑤ 月牙仰巴，淹得喊妈：月牙卧着出，本月雨多。

⑥ 月：量词，月份。

⑦ 月：月亮。

⑧ 落四不落五：十四日早晨月亮落，十五日早晨月亮就不落了。

⑨ 仰巴巴：睡觉了。

⑩ 月亮出来正使牛：旧时用牛耕地，夏季天热，多半起早趁凉快套牛犁地，在农历二十四五的时日里，月出的时候，正是套牛犁地的时候。

4. 数　星

密密群星朝北斗，银河带着太阳走。
金木水火土和地，各自有规太空游。

宇宙大得无尽头，星球多得没法数。
古人观星有记载，故拟星象图来录。

北斗星座像个勺，别名叫作勺儿座。
夜观北斗识南北，黑夜行人好斟酌。

猫头星出天快明，它的学名启明星。
旧时人们无时钟，起早就看猫头星。

天河东西，穿得冬衣。
天河南北，种得荞麦。
天河隔着牛女星，遥遥相望实苦情。
每年七月初七日，牛郎才会织女容。

扫帚星座是个魔，人人不愿眼看着。
传说此星现一现，人类必定有灾难。

三星撵串八，撵上串八到年下。
三星对门，门口能坐人。

十七十八①不见星，
哩哩啦啦到清明。
北辰三夜，
无雨大怪。

日月戴圈大风起，日月戴笠要下雨。
星星照泥不用提，明日还是雨滴滴。
月明星稀，无月②星朗。
星浓日烈，星稀日淡。

注：
① 十七十八：正月十七、十八两天。
② 无月：指每个月的二十以后没出月亮的时刻。

第二篇　农节谚俗

○按　语

中国是一个古老的农业大国，勤劳的华夏人民辛勤地耕作在这片神州大地上，春种夏收，夏种秋收，周而复始数千年。

智慧的华夏人民在漫长的岁月里，总结出播种、管理、收获的规律——地球绕着太阳公转一周大约三百六十五天，分为四个季节，十二个月，二十四个节气，热有三伏，冷有九九，等等。

根据不同季节、时令、气温种植适应的作物。该种种，该收收，为应对天气的变化，人们便总结出许许多多时令性的谚语俗语，颇具经验性。

随着社会的发展，农药、化肥、良种、机耕广泛用于农业生产，农谚俗语几乎成了空洞的条文了。这些谚语俗语虽说一时不能应验，但是不能丢弃，它是历代劳动人民创造并留下的宝贵文化遗产。

一、数 月

1. 数月歌

正月冷，二月寒，人们仍穿棉衣裳；
三四月里最舒畅，不冷不热好时光；
五月夏至火连天，身穿短衣手摇扇；
六月三伏热难当，防暑降温备寒凉；
交了七月节，夜寒白天热；
八月秋风凉，三场白露两场霜；
九月天渐寒，需把棉衣添；
交了十月节，下雨就下雪；
十一月里头雨雪连，大人小孩棉衣穿；
腊月到来整一年，小寒大寒过新年。

2. 十二月农谚

正　月

岁朝蒙黑四边天，大雪纷纷是旱年。

但得立春晴一日，农夫不用力耕田。

二　月

惊蛰闻雷米似泥，春风有雨病人稀。

月中但得震三卯，棉花豆麦定丰收。

三　月

风雨相逢初一头，沿乡瘟疫万民忧。

清明风若从南起，预报丰年大有收。

四　月

立夏东风疾病少，时逢初八结果多。

四月初八雨沙沙，高田洼地种芝麻。

五　月

端阳有雨是丰年，芒种闻雷美亦然。

夏至风从西北起，瓜蔬园内受煎熬。

六　月

三伏之中逢酷热，五谷田禾多不结。

此时若不见灾危，定主冬里多雨雪。

七　月

立秋无雨灾堪忧，万物从来一半收。

处暑若逢天下雨，纵然结实也难留。

八　月

秋风天气白云多，万民欢歌好晚禾。

最怕此时雷电闪，冬来米价涨如何。

九　月

初一降霜损人民，重阳无雨一冬晴。

月中红色人多病，若遇雷声菜价涨。

十　月

立冬之日怕逢壬，来年高田枉费心。

此日若逢壬子时，灾殃疾病损人民。

十一月

初一西风疾病多，若逢大雪有灾魔。

冬至天晴无雨色，明年定唱太平歌。

十二月

初一东风六畜灾，倘逢大雪旱年来。

若然此日天晴好，下年农夫大发财。

二、二十四节气

1. 二十四节气歌

春雨惊春清谷天，夏满芒夏暑相连，
秋处露秋寒霜降，冬雪雪冬小大寒。

正月立春雨水，二月惊蛰春分，
三月清明谷雨，四月立夏小满，
五月芒种夏至，六月小暑大暑，
七月立秋处暑，八月白露秋分，
九月寒露霜降，十月立冬小雪，
冬月大雪冬至，腊月小寒大寒。

2. 安徽人唱二十四节气

一月有两节，一节十五天。
立春天气暖，雨水送肥完。
惊蛰快耙地，春分犁不闲。

清明多栽树，谷雨要种田。
立夏点瓜豆，小满不种棉。
芒种收新麦，夏至快种田。
小暑不算热，大暑是伏天。
立秋种白菜，处暑摘新棉。
白露要打枣，秋分种麦田。
寒露收割罢，霜降把地翻。
立冬起完菜，小雪犁耙闲。
大雪天已冷，冬至换长天。
小寒多雨雪，大寒冰雪天。
农家闲无事，备办过新年。

3. 农节俗谚

立春六九头，年前或年后。
正月初一过春节，百年难逢岁朝春。
立春寒，不算寒，
惊蛰寒，寒半年。
都怕年后倒春寒，
早春必须晚播田。

立春到，农家乐，过立春，赤脚奔。
阴打晴，晴打阴，反了春，冻断筋。

立春若下雨，雨水将要缺。
春天春风大，秋天把雨下。

立春落雨到清明，春后雨水万物舒。
春雨贵如油，多了也发愁。

雨水过后雨渐多，绵绵细雨下没了。
春风吹遍中原地，空气温润助锄禾。
小麦油菜得雨水，发头拔节来长起。
过冬旱地土壤肥，育秧种棉打瓜畦。

雨水有雨庄稼好，大春小春一遍宝。
雨水雨，禾苗起，雨水不雨，小桶挑起。

过了惊蛰节，春耕不停歇。
人误地一天，地误人一年。

雷打惊蛰前，往后雨连绵。
惊蛰鸣雷眠虫醒，冬眠动物全出洞。

惊蛰一声雷，震惊蛇虫蚁。
辞去长睡眠，活动春天里。

春分麦起身，一刻值千金。
灭了害虫除杂草，午季定唱太平歌。

惊蛰乌鸦叫，春分离水干。
春分有雨病人稀，春风勒马等干路。

清明谷雨两相连，浸种耕田莫迟延。
清明后，好种豆，谷雨前，好种棉。

种瓜能得瓜，种豆能得豆。
春种一粒籽，秋收万粒粮。

清明风若起于南，定有大收是丰年。
清明刮南风，五谷都丰登。

清明要明，谷雨要淋，
清明断雪，谷雨断霜。

清明过后三朝霜，条条沟里好铺床。
谷雨西风狂，稻田水汪汪。

谷雨阴沉沉，立夏雨淋淋。
立夏不下，搁犁子停耙。

立夏三尺火，地温回升了。
夏天从此起，万物旺盛生。

夏天大风多，大雨往后拖。
夏雨连夜倾，来日便晴明。

西南雷轰轰，大雨往下冲。
夏夜云往西，明朝穿雨衣。

云往东，一场空，
云往西，雨滴滴，
立夏东风少病祸，
晴逢初一果生多。

立夏鹅毛住，小满鸟来全。
小满芒种两相连，小麦成熟在眼前。
小满麦粒满，芒种才能管。
小满粒不满，芒种就不管。

小满黑暗暗，收麦有困难。
脱粒需要场，场轧十八遍。
小满家把家，芒种普天下。
芒种忙，乱打场。

端阳有雨是丰年，芒种闻雷美亦然。
芒种火烧天，夏至雨绵绵。

立夏三尺火，夏至火连天。
夏至耩黄豆，一天一夜扛榔头。
夏至天空乌蒙蒙，三晴两雨年成丰。
过了夏至节，锄头不能歇。

锄头有水，锄头有粪。
麦锄三遍没有沟，豆锄三遍圆溜溜。

小暑不算热，大暑在伏天。
夏至三庚便数伏，一年之中最热天。

伏天深耕田，赛过水浇田。
伏天铲破皮，胜似秋天犁又犁。

小暑怕东风，大暑怕红霞。
三伏之中逢酷热，五谷田禾多不结。

入了伏，不离锄，
锄头响，禾苗长。

头伏萝卜二伏菜，
三伏里头种荞麦，
头伏浇，末伏烧。

伏天末尽立了秋，立了秋，把扇丢。
立秋三天遍地红，高粱穗儿乱点头。

立秋无雨三分忧，大熟年成一半丢。
要是雨淋秫铺子，秋来黄豆十成收。

黄豆开花，豆棵里养虾。
雷打秋，冬半收，秋雨透，霜推后。

秋前秋后，
荞麦绿豆。
农人不会算，
秋后好种田。

立秋忙打点，处暑动刀镰。
南方割稻子，北方黄豆砍。

三伏天将尽，迎得处暑来。
吃了处暑饭，一天短一线。

过了白露节，夜寒白天热。
白露秋分夜，一夜冷一夜。

白露白迷迷，秋分稻莠齐。
白露快割田，秋分无生地。

白露早，霜降迟，寒露种麦正当时。
白露种山，秋分种川，寒露种滩。

秋分春分，昼夜平分。
秋分不宜晴，微雨好年景。

秋分白云多，处处歌稻禾。
好中秋，好晚稻。

寒露霜降两相连，
秋收秋种仍不闲。
寒露虽寒不算冷，
霜降结冰要变天。
寒露无雨，百日无霜。
寒露有霜，晚稻遭殃。

淮河位于南方，寒露至立冬。
天气暖洋洋，种麦好时光。

寒露早，立冬迟，霜降种麦正当时。
霜降后见霜，谷丰粮满仓。

秋寒连三日，必定有雨至。
十月雪纷飞，来年粮成堆。

立了冬，把地耕，
冻后的土壤软又松，
害虫都可冻死净，
土壤肥力显著增。

立冬无雨一冬晴，立冬有雨无路行。
立冬时节若逢旱，来年高田枉费功。

立冬过后阳光短，小雪天气没有暖。
北风呼呼吹得欢，冰天雪地天气寒。

小雪飘雪花，大雪鹅毛下。
小雪若是雪满天，明年必定丰收年。

小雪不倒股，大雪不出土。
麦盖三床被，头枕馍馍睡。

大雪若逢晴天来，
下年农夫大发财。

大雪冬至雪花飞，搞好农业多积肥。
副业生产冬天搞，别把农闲错过了。

初一有风多疾病，更兼大雪是灾魔。
冬至风起西北边，瓜果园里受熬煎。

大雪冰封河，冬至当日还。
冬至交九天，无风透骨寒。

交了九，归了冬，一天一夜长一葱。
吃了冬至饭，一天一夜长一线。

归了冬，交了九，一天一夜长一手。
太阳照射南回归，开始回头向北走。

小寒大寒腊月天，没有雨雪也是寒。
小寒大寒出日头，来年二月冻死牛。

小寒大寒不下雪，小暑大暑田开裂。
小寒大寒水成团，明年定是大丰年。

该热不热，五谷不结。
该冷不冷，疾病横行。

大寒南风，五谷丰登。
南风送大寒，明年将有倒春寒。

大寒天气暖，
冷到二月满。
大寒不寒，人畜不安，
大寒三日白，有益菜和麦。

小寒大寒农闲天，搞好副业心里安。
寒冬腊月年将尽，备办年货过新年。

二十四节都讲完，若有差错多抱歉。
修错补漏多感谢，共保遗传做贡献。

4. 民谚总结

种田无定例，全靠看节气。
立春阳气转，雨水沿河边。
惊蛰乌鸦叫，春分滴水干。
清明忙种粟，谷雨种大田。
立夏鹅毛住，小满鸟来全。
芒种大家乐，夏至不着棉。
小暑不算热，大暑在伏天。
伏天深耕田，赛过水浇园。
立秋忙打垫，处暑动刀镰。
白露快割地，秋分无生田。
寒露不算冷，霜降变了天。
立冬先封地，小雪河封严。
大雪交冬月，冬至数九天。
小寒忙买办，大寒要过年。

5. 数九歌

一九二九不出手，三九四九冰上走。
雪雨年年有，不在三九在四九。
三九四九中心腊，河里冻死老母鸭。

三九与四九，人在冰上走。

五九六九立春日，春日专打六九头。

春日不是在年前，就是在年后。

七九六十三，柳芽冒尖。

七九八九，抬头看柳。

八九七十二，猫寻阴凉地。

九九八十一，行人脱棉衣。

九尽杏花开，果子很少结。

九尽花不开，果子压塌街。

第三篇　农耕谚俗

〇按　语

一样种,百样收。

为什么农业生产有如此大的差距?关键是技术问题。

庄稼活不用学,人家咋做咱咋做。其实不然,种庄稼的细节可多了。土地高低涉及旱涝问题,土地的酸碱性涉及肥力问题,漏风土壤和板结土壤涉及土壤结构问题,产量的高低涉及肥料和种子问题,等等。

农民能总结出关于农时的谚俗,作为农业生产的指南,实在是可贵的。现在,随着社会的发展,农业基本实现了科技化。在今天农业改革发展的道路上,这些有关农耕的谚俗仍对农业生产有指导作用。

一、耕作经

施足肥，整好地，种上一季顶几季。
庄稼一枝花，全靠肥当家。

深耕细作，土壤肥沃。
犁三耙四，苗出壮实。

庄稼下了盖顶雨[1]，禾苗才能出得齐。
庄稼长势各不一，株行距离讲合理。

撒插比较难，种粒均匀散。
稀不了横头稠不了边，不稀不稠地中间。

条播种，需定耧，只要用指头。
不稀也不稠，耧门插指头。

有钱买种，没钱买苗。
稠谷芦心稀谷莠，不稀不稠保丰收。

庄稼行里学问大，光种无收指望啥。
种不好庄稼一季子，娶不着好媳妇一辈子。

白澄[2]麦，长黄蒿，白澄秫秫长不高。
棉花、黄豆拍了雨，一棵不出倒刮皮。

枣树发芽，种得棉花。
秋种小麦、豌豆、蚕豆，
夏种芝麻、豇豆、绿黄豆。

九天栽树树不知，春天栽树树满枝。
冬耕整枝春定果，夏秋两季硕果累。

湿种浅，干种深，墒土下种最省心。
收麦耩黄豆，一天一夜扛榔头。

小麦去了头，
秫秫超过牛。

头遍凿窑，二遍锄苗，三遍培土，
锄深旱透土壤松，地肥苗壮籽饱满。

谷三千，麦六十，
豌豆实收八个籽。
玉米扛个大棒子，
水稻穗晃悠悠。

最高产的爬山虎，一亩地里两石[3]五。
今年如果没收够，明年地里还能补。

芝麻蒴摞蒴，秫秫钩了头。
西瓜圆溜溜，黄豆平顶五。

三分种，七分管，功夫十成收获满。
收获不负勤劳人，勤劳人家粮满仓。

注：

① 盖顶雨：庄稼种上后，铧上的土干了再下雨，叫顶盖雨。

② 白澄：地犁过就下雨，土壤板结，叫白澄。

③ 石：dàn，量词，十斗为一石。

二、优选良种

好种子，出好苗，好葫芦，开好瓢。
优选良种很重要，为了作物产量高。

小麦超千斤，玉米双千超，
水稻成了顿子田，各种作物产都高。

国家重视育良种，划定种地专家请。
种好种子试验田，成功才向众推广。

农家人人都晓得，有钱好买高产种，
没钱去买高产苗，丰收全靠种子好。

三、庄稼经

菜农种大蒜，时令八月半。

八月十五不在家，五月端阳回家园。

秋分早，霜降迟，寒露种麦正当时。

小雪不倒股，大雪不出土。

九月种麦铺满墒，十月种麦一杆枪。

能种十月一杆枪，不种九月铺满墒。

二月二，南瓜葫芦都下地。

三月三，南瓜葫芦都冒尖。

清明要明，谷雨要淋。

清明晒死柳，窝瓜头子打死狗。

谷雨前，好种棉。

清明后，好种豆。

种瓜可得瓜，种豆就得豆。

四月南风大麦黄，采了蚕桑又插秧。
大麦刚刚上了场，小麦立即就黄芒。

夏至耩黄豆，一天一夜扛榔头。
夏至三庚便数伏，安排热天农作物。

头伏萝卜二伏菜，三伏里头种荞麦。
伏天深耕田，寒过水浇园。

秋前秋后，雁瓜绿豆。
自古农人重农时，误了农时受损失。

按时种，按时收，田间管理在后头。
人误地一天，地误人一年。

种在地，收在天，科学研究天地管。
风调雨顺不误时，农人才能乐安然。

也行早，也行晚，
也行勤快也行懒。
侥幸心理不可有，
科学种田美亦然。

该早早，该晚晚，该深深，该浅浅。

三分种，七分管，科学管理很关键。

自然条件要利用，泛滥成灾要改变。

所取经验可推广，保守观念必须免。

四、小麦经

麦区面积大，经纬高平洼。
播种早中晚，方能收获满。

黄河位于偏北寒，小麦下种要提前。
白露早，寒露迟，秋分种麦正当时。

旱种山，晚种滩，不早不晚好种川。
科学安排早中晚，小麦丰收在明年。

江淮大地位偏南，小麦下种稍迟缓。
播种小麦良好时，寒露时节正当时。

年前看麦笑嘻嘻，年后看麦哭啼啼。
年前看麦哭啼啼，年后看麦笑嘻嘻。

小雪种麦不倒股，大雪种麦不出土。
小麦一生多磨难，年前种好年后管。

麦怕胎里早，无雨得浇灌。
出苗齐且壮，才能保丰产。

年后不能闲，除草很关键。
麦锄三遍没有沟，农药灭草也保收。

小麦养花正子时，就怕老天半夜雨。
麦花能落地裂里，麦粒才同石榴籽。

夏初多刮西北风，沙尘扬扬侵华中。
此时若是多阴雨，小麦必定生锈病。

红瘢还能收，黑瘢一定丢，
老天若将白瘢下，小麦丰收无估头。

四月雨多麦灾殃，农家收成要泡汤。
四月十二湿老鸹毛，小麦都要水里捞。

小满如果黑暗暗，打麦场轧十八遍。
麦垛堆得时间久，腐朽生芽还霉变。

小满麦粒满，芒种才能管。
小满粒不满，芒种收不管。

麦熟三晌，蚕老一时。
小满家把家，芒种普天下。

西南候风如火烧，
火风频频催麦老。
若是热风来得早，
粒瘪沟深面粉少。

麦熟喜欢东南风，
东南海风湿又温。
小麦迟迟不死根，
滋养粒饱上面粉。

小麦上了场，脱粒要赶忙。
遭了连阴雨，生芽霉变要泡汤。

小麦脱了粒，晾晒为第一。
潮湿要霉变，受害不为奇。

麦粒入了仓，
要防遭虫殃，
伏中秋日晒几回，
一年之内不闹慌。

麦期时间长，旧时种不良。
产量不足石，年年闹饥荒。

改革开放后，科技大发展。
良种加化肥，闯过千斤关。

五、豆豆论

豆豆种类多如麻，形色多样挺复杂。
种收时节各不一，作用差别也很大。

大豆多色样，紫青绿红黄。
都是圆溜溜，料子好作油。

大豆性喜水，夏秋多阴雨，
灰里芝麻泥里豆，一个昼夜扛榔头。

豆苗出了土，田管数奎首。
豆地锄三遍，豆粒圆溜溜。

大豆要高产，开花是关键。
大豆开了花，豆地要养虾。

大豆要丰收，头上平顶五。
豆荚含三籽，产量无估头。

豌豆和蚕豆，性寒可越冬。
生性高淀粉，可做淀粉料。

干豇豆，水小豆，
风调雨顺收扁豆。
秋前秋后，雁瓜绿豆。

菜豆种类也很多，
食用多取青豆角。
荚角长短各不一，
只要成形就摘掉。

刀豆乃是菜园宝，
大角如同一把刀。
嫩时用角做菜吃，
老了荚壳可入药。

农家都喜把豆种，
春夏秋冬都旺盛。
四季都把豆来种，
一年四季收豆豆。

六、农家瓜果园

二月二，南瓜葫芦都下地。
三月三，南瓜葫芦都冒尖。

南瓜营养最丰富，
食用药用都兼顾。
时珍本草注有名，
药食俱佳话南瓜。

根治便秘蒂驱虫，瓜籽治咳更显能。
南瓜瓤肉敷烫伤，籽仁治虫也有方。

现代科技大发展，更将南瓜魅力添。
治糖尿，降血压，滋补心血更数它。

苦瓜苦，甜瓜甜，甜瓜吃甜不吃盐。
俗家要把苦瓜吃，必须稍稍加点盐。

菜中君子数苦瓜，营养价值高且佳。
瓤肉虽苦含微甜，美味清香实可夸。

常食苦瓜宜健康，瓤肉甘苦入胃肠。
治呕吐，止痢泻，延年益寿人不衰。

黄瓜生就一身刺，洗净就能生着吃。
开园黄瓜罢园瓜，黄瓜春吃最为佳。

黄瓜营养很丰富，含有多种维生素。
生吃黄瓜解热渴，降低血脂最有效。

黄瓜一身都是宝，根叶茎藤都是药。
常食黄瓜防衰老，长寿老人妙龄高。

黄瓜有点脾气怪，可别用它去炒菜。
黄瓜如果遇高温，营养消失质变赖。

大西瓜，圆溜溜，红瓤黄瓤样样有。
清凉能将热毒解，多吃西瓜能防暑。

冬瓜菜食又药用，周身是宝众论定。
瓜瓤清热能解暑，籽皮入药也治病。

道罢瓜类说水果，再观农家果木园。
柿枣乃是铁果园，树龄能活数百年。

菠萝可口酸又甜，苹果逗人笑红脸。
果胶维C和镁钾，微量元素益血压。

香蕉味美甜津津，山楂酸甜怪喜人。
常食山楂健脾胃，年高人寿长精神。

板栗号称干果王，诸多古人都赞扬。
药用食疗价更高，医家以栗治肾腰。

肾虚咳喘吃核桃，核桃药用价值高。
食用核桃润肌肤，延年益寿经得老。

鲜荔枝，干桂圆，
水灵灵的数龙眼。
望梅能止口干渴，
柑橘枇杷胜蜜甜。

小红桃，大红桃，
猕猴药用价值高。
怀远石榴砀山梨，
吐鲁番的大葡萄。

第四篇　社会生活

○按　语

社会之大,生活之广。

人创造了社会,造就了生活。在漫长的历史长河中,一代代的劳动人民在生活中总结出不同的经验,也就是分门别类的生活谚俗,这些谚俗反映了人们不同的生活。

社会在前进,生活在发展。但是,这些反映真实生活的谚俗仍耐人寻味,意蕴深长。

一、交友曲

在家靠父母，出外靠朋友。
得友多条路，失友倒垛墙。

海内存知己，天涯若比邻。
同船遇路行，前世有缘分。

生意才好做，伙计较难和。
八百能买宅，千金难买邻。

不去走正路，怎能逢良友。
不知朋友心，怎交其友人。

初交知其面，久后见人心。
疾风知劲草，路遥知马力。

二、交情曲

有话叙知己，有饭予饥人。
宝剑送勇士，红粉赠佳人。

雄鸡能报晓，相帮是知己。
帮理不帮亲，帮亲打坏人。

痛打落水狗，回头咬一口。
爱屋遍及乌，打狗欺主人。

别人求我易，我求别人管。
我能为人人，人人也为我。

对人要实心，求人要虚心。
己心换人心，将心比己心。

财帛如蒿草，义气重千金。
不交不相识，终究成友人。

人敬我一尺，我敬人一丈。
茶越泡越浓，人越交越厚。

若能吃得亏，就能坐一堆。
要想好上好，就得大让小。

吃亏能长在，破帽可长戴。
吃得眼前亏，必有后福来。

摆船摆到岸，救人救到底。
送佛到西天，摆渡到江边。

三、勤俭歌

勤为摇钱树，俭是聚宝盆。
勤俭能持家，勤俭可致富。

扁担一条龙，一生吃不穷。
不看家中宝，只看门前草。

识农时丰收，勤奋才进步。
常年有存粮，不怕闹饥荒。

不怕迟下种，就怕不上肥。
晚了当季苗，不晚上肥料。

不怕下种迟，就怕不动锄。
锄断土壤层，保水又保肥。

财从细处起，积少能成多。
一日多一点，百天很可观。

成家之男儿，惜粪如金银。
成家挑粪土，败家水推沙。

吃不愁，穿不愁，计划不周一世愁。
吃不穷，穿不穷，计划不周必受穷。

长计划，短安排，
日子过得随心来。
有吃有喝心满足，
小康生活乐开怀。

增产是一头，节约不能丢。
节约就是增产，节约意义非凡。

锄禾日当午，汗滴禾下土。
谁知盘中餐，粒粒皆辛苦。

光增产，不节约，
好像买个无底锅。
铺张和浪费，
穷断肝肠肺。

一日省一把，三年买匹马。
一月省一斗，三年买头牛。

三年不吸烟，买头大老犍。
三年不喝酒，买头大水牛。

穿衣要干净，
不怕补补丁。
新三年，旧三年，
缝缝补补又三年。

阿大穿新衣，老二着旧裳。
老三一出世，一身破衣裳。

吃的家常饭，穿的粗布衣。
真正过日子，还数从小妻。

男人就是家，女人使是庭。
男女持家庭，门第就繁荣。

男是摇钱树，女是聚宝盆。
勤俭来持家，建立富裕门。

四、厨房杂谈

入厨先净手，上案莫多言。
清锅净案板，卫生在首先。

斗里掠瓢面，盆里和面团。
和面要三光，手盆与面团。

有酵能发酵，案上团馍馍。
靠锅或蒸笼，馒头香又多。

锅里下挂面，稀稠讲究点。
不稀又不稠，面条将没头。

锅里煮米饭，米需淘三遍。
滚水下了米，圆气便成饭。

无论炒啥菜，先油后放盐。
油盐各适量，口味多新鲜。

锅上做饭菜，灶下把火添。
火心讲虚实，鼓风高火焰。

烧火有学问，火候要把稳。
该文该武各所需，添柴多少灶里边。

柴多火焰高，性急烧焦馍。
柴细锅不滚，不开也急人。

文火熬粥香，武火下面鲜。
大锅喝稀饭，小锅吃挂面。

人冷火亦寒，点火不易燃。
备柴干细软，烧锅不费难。

日常生活很平淡，
柴米油盐做便饭。
养生自有养生经，
厨房里面尽开颜。

五、有备无患

有备没有患，无患没灾难。
在家千日好，出外也平安。

冬天置单衣，夏季置棉装。
春秋天气凉，宜穿夹克裳。

秋螂叫一声，穷汉吓一惊。
汗衣没置齐，怎么过去冬。

干旱去置舟，水涝好用上。
岸上修船易，江心彻底沉。

将身不离甲，雕鞍不离马。
年年要防贱，夜夜得防贼。

饱出带干粮，晴出雨伞提。
虽是年丰收，也要防歉年。

摸底才开腔，卷裤将水趟。

不知水深浅，且莫急下水。

兵马没有动，粮草要先行。

常备莫懈怠，有备无灾星。

六、农村大变化

草房推倒盖瓦房，
新瓦房，大走廊，
镶金门楼玻璃窗，
空间舒适又大方。

社会主义大发展，收入钱多添新装。
瓦房推倒盖平房，一栋更比一栋强。

自来水，供电用，电话手机数网络。
耕田全是机械化，再也不用牛来耕。

改良种子真先进，科学研制品质优。
抗御灾害能增产，亩产可达过千斤。

化肥配制氮磷钾，微量元素适量加。
诸多作物分类别，需啥元素就上啥。

为夺丰产除虫害，农药也是分类别。

杂草也是一大害，喷洒一遍畅开怀。

七、传统小户住宅院

有钱或是没有钱，
建座房子门朝南。
能采阳光可避寒，
居住舒适又安然。

三间房，两架梁，
对称门窗多大方。
一对角门东西开，
舒适透气又通光。

正中一间是高堂，
后墙上面挂中堂。
字画两边整齐挂，
桌椅板凳条理放。

前面设院要见方，
大门一线对中堂，
东设厢或西设厢，
厢房只能两间长。

天井小院四方方，
向阳门第春意盎。
勤俭人家里面住，
无限幸福又安康。

八、生意经

卖啥吆喝啥，有货卖要家。
褒贬是买主，贺彩是闲人。

生意要做活，货卖堆山好。
有货不愁卖，无货愁坏人。

有钱帮钱场，无钱帮人场。
讨价或还价，买卖争分毫。
贵是买贵的，贱是卖贱的。
有钱难买不卖的物，物以稀为贵。

长斤不如长分，长分不如长斤。
价高要长斤，物多要长分。

能买吃亏物，不买便宜嘴。
虽说买得巧，看巧吃穷人。

鸡蛋来换盐，相互不找钱。
货币来交换，公平互有利。

人熟有人情，生意好做成。
互相都承让，交易达公平。

价钱需要讲，分量要还人。
生意虽不成，仁义倒还在。

不义之财不可取，
无义之人不可交。
交易只求易内财，
以义为利则财足。

仨钱买，俩钱卖，
不图赚钱就图快。
烧香买，磕头卖，
求佛的生意做不得。

九、好汉歌

是英雄，
是好汉，
实际当中去考验。
吃自己的饭，
流自己的汗，
自己的事自己干，
靠天靠地靠别人，
都不是好汉。

眼是孬种，
手是好汉。
啥事眼去看——难、难、难又难！
那么一大堆，
啥时能做完？
双手默无言，分秒不停闲，
困难逐渐少，成就堆如山。

选英雄，
选好汉，
二目痛流泪，
双手乐出汗。

是英雄，
是好汉，
实际当中来考验。
干自家的活，
吃自家的饭，
自己的活自己干，
靠天靠地靠别人，
都是枉然。

流了血，
淌了汗，
果实甜如蜜，
生活比蜜甜。
一双伶俐眼，
智慧脑不闲，
心想事竟成，
还得双手干。
干！干！干！
不达目的非好汉！

十、懒汉曲

懒汉懒汉懒得惯，怕见太阳屋内钻。
什么活儿都不干，逍遥自在活神仙。

诸多恶习都沾染，
危害身体经济连。
庄稼无收不生产，
基宅场园都卖干。

冬天被窝焐不暖，
夏天无人把扇扇。
久后一日得了病，
没有一人去看看。

十一、生活杂谈

早饭要吃好，午饭要吃饱。
晚饭要吃早，顿餐八分饱。

晚上早早睡，清晨早早起。
中午打个盹，时间半小时。

冬穿棉挡寒，夏穿纱散热。
春秋着夹克，保暖又防寒。

三件衣不破，三顿饭不饿。
生活多富裕，人人奔小康。

饭前与便后，一定要洗手。
养成好习惯，人人讲卫生。

洗脚三天暖，剃头寒三天。
冬天晒晒被，舒服三四晚。

天亮才好睡，老了才学乖。
牛犊不怕虎，老犍爬铧头。

置菜很容易，请客却很难。
没有三遍跑，客人到不了。

叫人不费本，舌头打个滚。
嘴甜讨人爱，嘴臭品质坏。

凡是要自然，不能把强勉。
瓜熟蒂自落，水到渠自成。

亲戚要理道，破例乱了套。
自家不可乱，延至上千年。

老猫屋山睡，上辈传下辈。
和尚不算亲，帽子连着筋。

身高不为富，多穿二尺布。
个矮不算穷，百斤搬不动。

身大力不亏，百斤轻掂起。
个小人机灵，个大步迈深。

谁都有长处，各自有缺陷。

只要团结好，取长能补短。

十二、各有特长

黑一千，麻一万，白鸡只下十个蛋。
猫记千，狗记万，老公鸡还记二里半。

白鹅下蛋很稀罕，鸭子下蛋在夜间。
蚂蚁寻食能回巢，蜜蜂采花也记窝。

青头萝卜紫头蒜，仰脸老婆伸头汉。
葱辣鼻子蒜辣心，韭菜专辣舌头根。

阉猫终日不出门，阉狗出门咬坏人。
牛毛细雨似罗面，淋得行人如流汗。

吭吭老驴满山跑，哑巴老驴吃饱草。
同槽不拴俩叫驴，一女不嫁二夫男。

第五篇　奉劝歌

〇按　语

人非生而知之，而是学而知之。

学校设立数千年来，关于劝人向学、教育子女等的谚语和俗语有很多，颇有启迪意义。

现将有关劝导方面的谚语俗语集合成篇，阅读之余，并请勘误指正。

一、勤　学

学习莫厌烦，悔人不疲倦。
爱生如爱子，爱子敬先生。

书要天天读，
字要天天写，
三天不读口生，
三天不写手生。

书能读百遍，其义自然见。
字无百日功，越写越工整。

要想成绩好，读书起得早。
一日黄金段，早晨贵为宝。

二、劝　学

常读口里顺，
常写手不笨。
才华如快刀，
勤奋是磨石。
不读书，不知事，
不识字，不明理。
不读一家书，
不识一家字。

不读哪家书，不识哪家字。
不懂哪家道，不明哪家理。

不要千样会，只要一样精。
有道一技长，是艺好养身。

不怕不知事，就怕不学习。
不怕读书难，就怕心不钻。

不知问有益，不会有学问。
少壮不努力，老大徒伤悲。

边学边去问，才能有学问。
学会数理化，可以走天下。

笔勤手能快，多练手能巧。
成人不自在，自在不成人。

挨金仿是金，挨银仿是银。
要想会拉锯，挨着木匠人。

冰不冻不寒，木不钻不着。
马不打不奔，人不激不奋。

补漏趁天晴，读书趁年轻。
顶上千里浪，才有万吨鱼。

不熟不得巧，不巧不得好。
熟读能生巧，巧必可生华。

岸上学不好游泳术，
嘴里说不好旺庄稼。

案上不可少书籍，
心中不可少思虑。

不虚心，不知事，
不实心，不成事。
别因水深不渡河，
莫因困难不进取。

百尺雁塔平地起，
万丈高楼砖来砌。
点滴水珠汇大海，
粒粒沙石把山堆。

宝剑锋从磨砺出，
梅花香自苦寒来。

三、惜　时

光阴莫虚度，青春要珍惜。
时光催人老，谁也挡不了。

白日莫闲过，青春难再回。
一寸光阴一寸金，寸金难买寸光阴。

光阴好似箭，日月如穿梭。
光阴如流水，一去不复回。

机不可失去，失去不再回。
明日复明日，明日何其多。

爱人之才能，学其之勤劳。
羡慕其长处，责己之缺点。

白日走四方，晚上补裤裆。
日中全虚度，黑夜白费蜡。

莫靠天吃饭，全凭手动弹。
七十二行业，行行出状元。

薄技学在身，胜过有金银。
百艺学一件，是艺好养身。

而今吃饱饭，莫忘饥荒年。
今能穿得暖，记住冷和寒。

四、实践验理论

理论有伪真，实践是标准。
黑猫与白猫，捉鼠是好猫。

百闻不如一见，
百见不如一干。
不当撑船手，
怎会摸篙竿。

不到火候不揭锅，闭门造车辙难合。
不见棺材不掉泪，到了黄河才死心。

疾风知劲草，路遥知马力。
上了高山顶，才知地平川。

见了才相识，不做怎能会。
经过一件事，才能长一智。

不拿油瓶手不腻，
摸了锅底手沾黑。
经常下水会游泳，
扬帆才会掌舵船。

理论本从实践来，
实践能够出真知。
要问理论伪与真，
实践检验就明白。

五、立志歌

有志目光远，无志看眼前。
有志不在年高，无志空活百岁。

志在高与远，目标是终点。
立志去努力，到达目的地。

不怕干不成，只怕心不恒。
路途虽说长，只要有志向。

不怕慢，就怕站。
站一站，二里半。

人虽年纪老，只要心不老。
不怕人贫苦，就怕心不诚。

到了深山谷，才知厚地层。
上到高山岭，才见地川平。

不怕“难”字当头，
就怕“懒”字缠身。

虽说脑子笨，
只要勤发问。

不怕起点低，就怕不到底。
虽说人家瞧不起，只要自己去争气。

立志在顶峰，决不停坡中。
成事在于天，谋事在于人。

天时不如地利，地利不如人和。
三个因素都具备，要做事业必胜利。

六、心态要平衡

人比人，气坏人，
莫攀比，比不齐。

从公的，从农的；
练武的，习文的；
开车的，架机的；
骑马的，骑驴的；
蹬车的，步行的；
另外还有开船的……
七十二行各有弊，
比来比去有差异。

黄白净，水白麻，
比来比去不差啥。
十个指头有长短，
树木林落有高低。

不比不知道，一比吓一跳。
相差有距离，十万八千里。

没有高山，怎显平地，
没有贫穷，怎显富裕。
富汉子不知穷汉子饥，
骑驴哪知步行的。

七、团结就是力量

单丝不成线，孤树不成林。
单手拍不响，孤雁也难鸣。

巴掌不及拳头，
单丝不及麻绳。
人少好吃馍，
人多好干活。

一只筷子容易折，
拧成的麻绳拉不断。
一花独放不是春，
百花齐放春满园。

大河没有水，小河干到底。
大河水半槽，小河水漫过。

三个臭皮匠，顶个诸葛亮。
众人去拾柴，火焰高起来。

人心要是齐，泰山可以移。

众人一条心，黄土变成金。

一人不如二人计，
三人打个好主意。
如果万众团结紧，
就能不受外来侵。

八、谨慎词

凡事要谨慎，小心无大差。
个人享安乐，幸福一大家。

作风要正派，行为必端正。
脚正稳步走，怎怕鞋儿歪。

有事要公开，不要去瞒盖。
一事遭误会，百事办不来。

有话讲当面，不要背后谈。
路旁人讲话，草棵听得见。

讲话轻如毛，过话重泰山。
送礼可多带，过话莫多传。

话多必有失，失言惹人烦。
轻者闹误会，重者闹翻天。

屋内说小话，窗外人听见。
风言又风语，祸事屡不鲜。

墙泥一百遍，透风能自现。
要想人不知，除非己莫为。

九、人往长处看

人往长处看，水向洼处流。
放眼看未来，前程似锦绣。

前人栽了树，后人好乘凉。
节约方寸地，留给子孙耕。

爱惜粮五谷，儿孙多幸福。
今人有水吃，莫忘开井人。

有人目光短，唯利看眼前。
脚面去置锅，踢倒就走远。

事不宜做绝，做绝无台阶。
没有台阶路，怎得下台来。

得理不让步，对方人不顾。
别人无路走，自己没有路。

劝君细思腹，为人留条路。

别人能过去，自己也能走。

十、论经验小诗

临水知鱼性，靠林懂鸟音。
常在河边站，难免不湿鞋。

鼻子大压嘴，胳膊硬不过大腿。
人到弯腰树，不得不低头。

长舌头乱家，大斧子破车。
给光棍逮马，不给眼子当家。

山中无老虎，猴子称大王。
过了一道关，再显一将军。

十一、辩证词

事物都有双重性，
一分为二来认定。
坏事可以变好事，
好事也许坏结果。

古人留有古语条，
现今人人都晓道。
祸兮福所倚，
福兮祸所伏。

人间事物多变化，
好坏很难结论下。
十年河东转河西，
高山也能变低洼。

靛蓝青是出于蓝，
靛青确实胜于蓝。
后生都比先生智，
社会步步在前进。

世人不可来貌相，
海水不可用斗量。
小人物也能干大事，
别看小官没马骑。

附录 谜语

○按　语

谜语是映射事物的隐喻，俗称破迷猜，又叫破命猜。以事物的形、色、义等特征，给人提出一种没弄明白或难以理解的问题来，让对方猜是什么东西，即谜底。

猜谜语行之非常广泛，同伙互相比赛，看谁提的迷最难猜，再看谁猜得最准确，从而活跃了气氛，锻炼了思维，增加了智慧。

谜语的艺术性很高，大多以诗的形式构成，运用押韵、对仗、比喻等多种手法。谜语是中华民族的文化遗产，它也随着社会的发展而不断创新。

一、物 谜

1. 从南来群小白鹅，扑拉扑拉都下河。（饺子）

2. 从南来个猴，趴到锅里就洗头。（勺子）

3. 家后一条线，金刀银刀砍不断。（水沟）

4. 树上一个碗，大雨小雨下不满。（鸟窝）

5. 从小青，长大白，纹丝不动让人摘。（棉花）

6. 软巴裂裂，俩手掰开，弓着脊弄进去，趔着胯子拿出来。（袜子）

7. 从南来个庙，干来来不到，脚蹬莲花板，手拿莲花捞。（织布机）

8. 钩钩铁，点点铜，一条木棒两圈绳。（秤）

9. 瓢叉子嘴，蒜瓣子脚，走着没有坐着高。（狗）

10. 家有两头牛，晚上就抵头。（门）

11. 一个小红枣，三间屋子盛不了。（灯）

12. 兄弟两个一般高，一到吃饭就摔跤。（筷子）

13. 白胖白胖，一天出来三趟。（碗）

14 兄弟两个一般大，酒席宴上就打架。（酒杯）

15. 一个老头四指高，啪的一声没有了。（鞭炮）

16. 上边毛下边毛，中间加个黑葡萄。（眼睛）

17. 左一片，右一片，隔着山头看不见。（耳朵）

18. 麻屋子，红帐子，里面睡个白胖子。（花生）

19. 千根线，万根线，落在河里不见面。（雨）

20. 红公鸡，绿尾巴，一头扎在地底下。（胡萝卜）

21. 小屋窄又窄，一头开染坊，一头拉大车。（墨斗子）

22. 左一勾，右一勾，两个大姐打悠悠。（耳坠子）

23. 这头搅，那头转，中间连着一道线。（纺车子）

24. 一个老头八十八，先长胡子后扎牙。（玉米）

25. 有时落在山腰，有时挂在树梢，有时像个圆盘，有时像把镰刀。（月亮）

26. 出在东海，没入西山，它在南方，影子在北，朝它看看，眼痛如剜。（太阳）

27. 太阳当空照，一物随之到，前后左右不离你。（影子）

28. 青石板，板石青，青石板上钉银钉，要问银钉有多少，数来数去数不清。（星星）

29. 雨过天晴白云飘，蓝天架起一座桥，赤橙黄绿青蓝紫，数数颜色整七道。（彩虹）

30. 云儿见它让路，小树见它招手，禾苗见它弯腰，花儿见它点头。（风）

31. 说鸟不像鸟，躲在树上叫，自称全知道，其实都不晓。（知了）

32. 靠墙生，靠墙长，这墙攀到那墙上，结成倒有筛口大，称称不到二三两。（蜘蛛网）

33. 小小宝屋窄又窄，屋里住有千把客，推的推，打的打，外面还有俩。（马蜂窝）

34. 头上红冠不用裁，满身雪白走近来，平生不敢轻言语，一唱千门万户开。（大公鸡）

35. 一物长颈水上漂，曲着脖子向天歌，白毛扇扇浮绿水，红掌动动拨清波。（鹅）

36. 头顶两股钢叉，身穿黑色铁甲，它能腾云驾雾，又能入地开挖。（屎壳郎）

37. 一动物，穿皮袄，三瓣嘴，胡子翘，一动一动总在笑。（兔子）

38. 年纪不大，胡子一把，爱吃青草，好叫妈妈。（山羊）

39. 鼻子像钩子，耳朵像扇子，大腿像柱子，尾巴像辫子。（大象）

40. 头上长长角，身着梅花袄，穿山又越岭，全身都是宝。（梅花鹿）

41. 有个医生医术高，尖嘴好像手术刀，啄开树皮把病看，叼出虫子一条条。（啄木鸟）

42. 从不离水，摇头摆尾，鳞光闪闪，满身珠翠。（鱼）

43. 身穿大礼服，迈着绅士步，家住南极洲，海里游泳冰上走。（企鹅）

44. 脚像小扇扁嘴巴，唱起歌来嘎嘎嘎，下河去游泳，专捉小鱼虾。（鸭子）

45. 小姑娘，黑又黑，秋天去，春天来，住房造在屋子

里，带着剪刀满天飞。（小燕子）

46. 老师不说话，肚里学问大，有字不认识，就去请教它。（字典）

47. 白袍老头二寸高，愿为教学做消耗，知识演了一黑板，自己还剩一点点。（粉笔）

48. 小小圆形运动场，三个选手比赛忙，跑的路程有长短，用的时间一个样。（钟）

49. 彩色描，花纸剪，方角鸟形竹篾编，一条中线飞上天，另有尾巴坠下面。（风筝）

50. 红盆和，擀杖擀，金刀切，滚水煎，放点油，加点盐，陶瓷碗中当饭餐。（面条）

51. 远看山有色，近听水无声，春去花还在，人来鸟不惊。（画）

52. 远看好似金龙殿，皇帝宰相文武官，吹吹打打多热闹，前面百姓站一片。（戏台）

53. 圆圆一座房，一柱八根梁，雨天挡风雨，热天遮太阳。（雨伞）

54. 有腿不会走，有面没有口，前后左右一样长，腰围安在肚子上。（方桌）

55. 石子铺，砂石垫，渣油水泥造成面，长长两条平行线，大车小车跑上面。（公路）

56. 样子像甲鳖，轮子就是爪，不能上山行，专在马路爬。（汽车）

57. 耳听赛雷鸣，远看像只鹰，早晨去广州，晚上回北京。(飞机)

58. 一只柜子靠墙站，不装米粮不装面，三伏天里送凉爽，数九寒冬送温暖。(空调)

59. 那边说，这边听，隔山隔水不隔声，掌在手里真奇妙，字字句句听得清。(手机)

60. 柱有七颗珠，上二下有五，下珠一算一，上珠一算五，全盘珠一响，黄金收万两。(算盘)

61. 能传热，能导电，人体周身都传遍，谁要一天离开它，口肚干渴要冒烟。(水)

二、字　谜

1. 千里姻缘一线牵。（重）

2. 一点一横，两点乱蹦。（六）

3. 六十不够，八十有余。（平）

4. 七人头上长青草。（花）

5. 八字底下放把刀。（分）

6. 三人挎日风意暖。（春）

7. 二小得令风意寒。（冷）

8. 鸟怀甲子水上游。（鸭）

9. 野火冲顶人遭殃。（灾）

10. 手搭凉棚观远方。（看）

11. 把眼放在羊腚上。（着）

12. 眼上钉还是看。（盯）

13. 眼多眼少都不好。（眵眇）

14. 一口咬掉牛尾巴。（告）

15. 二小二小，头上长草。（蒜）

16. 一棍挑着两座山。（出）

17. 两个中字一线连。（串）

18. 两个人字肩并肩。（从）

19. 小口套在大口里。（回）

20. 太阳月亮齐眉站。（明）

21. 老两口子累摞摞。（吕）

22. 举火去烧丁，见红可照明。（灯）

23. 倒写八，顺写八，中间加个十字架。（米）

24. 左辛苦，右辛苦，言大嫂子中间坐。双方来谈判，争来吵去难分晓。（辨）

25. 撇点撇点再撇点，整整齐齐排一排，走之一拉周半面，执勤人显出威风来。（巡）

26. 一个人，两个人，一人在前两人跟，团结起来力量大，人多谁也不离群。（众）

27. 左边绿，右边红，左右相抵起凉风，绿的喜欢及时雨，红的最怕水来攻。（秋）

28. 像山不是山，一字在中间，过了周家口，就到田家庵。（富）

29. 言来互相尊重，心至令人感动，日出万里无云，水到纯净透明。（青）

30. 夫人走娘家，头戴两朵花，过了一月整，骑马转回家。（腾）

31. 一字好奇怪，三横三竖三撇又三捺，平均分为三部分，仨字形义读音都一般。（森）

32. 一点一横长，一撇到南洋，二十一小里面座，毛巾一条托下方。（席）

33. 入门烦恼不安，田上浮想连天，怀念滔滔不绝，因此情重如山。（心）

34. 挨金多好生锈，有足就摔跟头，拉脚接连不休，日出美丽貌好。（失）

35. 一女不识羞，让着皮匠搂，三个小子去看看，皮匠骑在她头上。（婆）

36. 四四方方一块田，不种粮也不种棉，王子怀点里面住，无限疆土美亦然。（国）

37. 四四方方一块田，没种粮也没种棉，两个男儿里面住，瓜果蔬菜吃不完。（园）

38. 一字好奇怪，三横三竖凑起来，数数共有多少口，大小九口在里边。（田）

39. 一根扁担横其间，倒头八字担上面，皓月当空无日现，立刀横刀斩布棉。（剪）

40. 俩口一线连，提起事心酸，放在心上面，难上又加难。（患）

41. 一人立起间，双土摞起来，本是一女子，许配美貌男。（佳）

42. 一点一横长，一撇到南洋，过了林家湾，一手托下方。（摩）

43. 一点一横长，一撇到南洋，过了一树林，有鬼瞎嚷嚷。（魔）

44. 包公不忍饿，有我肚里饥，有余吃不完，生虫遭了

秧。（食）

45. 有平撇，有竖撇，点子点到竖提间，要是再画一大捺，清爽可口吃起来。（瓜）

46. 头戴两朵鲜花开，伸出五指抓起来，坐在木制板凳上，山珍海味吃起来。（菜）

47. 一边水里游，一边地上走，水里游的喝水，地上走的吃草。（鲜）

48. 一个白天照四方，一个夜里也发光，如果二者一搭配，霞光万道亮堂堂。（明）

49. 一个瓢叉，罩仨蚂蚱，罩着一个，蹦跑了俩。（心）

50. 一个瓢叉，罩仨蚂蚱，插个小棍，蹦跑了俩。（必）

51. 有嘴好进食，无嘴去讨食，加上一横棍，心里尤愤怒。（乞）

52. 有火好照明，长嘴咬人疼，有手整死人，遇金无人研。（丁）

53. 能在左，能在右，可在下，可在上，有时还往中间放，要问共有多少个，一年就它十二个。（月）

54. 有瓜舀水又舀面，随风可以飞上天，如果放在水一边，不得下沉浮上面。（票）

55. 有眼难看见，配刀斩草断，用嘴打招呼，乘车管一片。（害）

56. 逢木甜如蜜，挨脚就离地，眼看千里远，手至担东西。（兆）

57. 言来问长短，有耳预不测，习文丢下去，逢草泛香来。（方）

58. 有我脖子长，朋来高飞翔，有嘴笛声响，逢甲嘎嘎唱。（鸟）

59. 言来好安排，石砌攻不开，遇上二小子，一切衰下来。（周）

60. 一点一横长，一撇到南洋，二人立在土上，同在里面藏。（座）

61. 言来能争辩，水到便腾翻，有儿无儿一个样，恶暴厉害实不堪。（凶）

62. 雨来包上头，此举砸烂头，小似鸡蛋大如榴，害得庄稼都减收。（雹）

63. 草上花吐蕊，月至胎儿睡，有衣能挡寒，加火成兵器。（包）

64. 夫人走娘家，肩扛两朵花，坐下没有马，拱手转回家。（拳）

65. 夫人走娘家，肩扛两朵花，无人来握手，挎刀转回家。（券）

66. 人一口，合起手，样子像拜佛，实际是取物。（拿）

67. 一人尤伟大，跨在一台上，下面齐叩拜，便能号天下。（命）

68. 有雨天上下，一革装不下，凑上一个月，是人都害怕。（霸）

69. 八字倒写似羊角，三横一竖羊成了，尾下旋口一横担，一边坠着一个蛋。(善)

70. 八字倒写似羊角，三横一竖羊成了，只因下面有坐垫，尾巴割得光光然。(盖)

71. 咋看是个苦，细看不是苦，要问因何在，下面不是古。(苦)

72. 有病在上面，大山放里边，按说不算病，就是不自然。(疝)

73. 窗户宽又宽，双习在里边，迎面试一试，凉风充其间。(扇)

74. 言起难为情，病至苦难为，有水广东去，摞摞要远行。(山)

75. 俩月空空，横插其中，立刀去砍，不中不中。(删)

76. 俩月空空，横插其中，旁边一女，缓慢从容。(姗)

77. 俩月都空，横连其中，王斜一旁，装饰有样。(珊)

78. 两个月字腹都空，一横插在正当中，虽然有脚旁边站，走路还是不平衡。(跚)

79. 白水绵绵情清甘，远远延伸大山盘，世人向往水源地，衣食住行在其间。(泉)

80. 横撇又撇点，用力托起来，事理你听从，勉励你施行。(劝)

81. 倒写八，顺写八，一个加号中间加，一女扛着进厨房，吃罢饭来写文章。(数)

82. 本身零点五，有田分界线，立刀法官断，背离反了天。(半)

83. 双木林拆开，双叉中间隔，一人跨大岔，用手托底下。(攀)

84. 平撇立撇画舟船，盆字去分托下面，厨师用它来盛菜，空中老鹰打旋旋。(盘)

85. 一点一横长，口子在当洋，子字去拉架，耳朵拽多长。(郭)

86. 一点一横长，口子在当洋，了字去拉架，开口喊亲娘。(哼)

87. 用土来打墙，鞭抽脊背上，过了一整日，耳朵拽多长。(都)

88. 逢木学生到，有口嘴里嚼，遇食锅里漂，有车比比瞧。(交)

89. 生虫咬人疼，得水干得凶，长了一张嘴，它就大声叫。(曷)

90. 言说他当然，得力罪难免，骑马吓坏人，逢木为中心。(亥)

91. 左看北，右看北，千字把它冲两开，有人骑马又坐车，此字是啥你猜猜。(乘)

92. 有水水很清，靠山小路行，加目睁大眼，点火可照明。(登)

93. 水来势能大，人到祭品拿，点火暖气来，有手用嘴

巴。(共)

94. 左边一闪身，右边就拉弓，没有射准人，曲身把礼行。(躬)

95. 遇土结了块，逢木是斧柄，入病重尤甚，长草受不了。(可)

后 记

我退休之时，正赶上孙子接受启蒙教育，带着孙子并辅导他上学。孙子读高中了，在我身边的时间少了，不觉一晃已十年的光阴。年过七十了，我还能干什么呢？

“写书！”这是老伴和孩子们的共同建议。

写什么呢？有人让写故事，也有人让写诗。老伴认为大众熟悉的谚语和俗语能不能广泛收集，再组织编排，成章成篇说明问题。我听取了这个建议。

老百姓最关心的是气象、农耕等问题，这方面的谚语和俗语多如麻，说法不一，颇有应验，很有哲理。有的是根据物象预告天气的，有的是根据二十四节气的气象变化指导耕作的，等等。人们在实践中能发现自然变化的规律，不断总结、积累起诸多类别的谚语和俗语，用来指导耕作等农业活动，预防、抵抗自然灾害的侵袭，这是很了不起的。

在对所收集的谚语和俗语编排时，我又发现了诸多有关学习、经商、交友等的谚语和俗语，都是生活经验之谈，也将其罗列书中。

怎奈我精力有限,仅局限在小小的圈子里汇编不出较为成熟的文字,在此敬请广大读者多提宝贵意见,并给予指正!

胡永寿

二〇一八年三月